AF434234

IVÁN S. ARENAS V.

LA HISTORIA EN UN SONETO

EAA Ediciones

Iván S. Arenas V. LA HISTORIA EN UN SONETO. Segunda Edición. Estado Aragua, La Victoria, Venezuela. EAA Ediciones. Año: 2018. 72 pp. 15,24 cm x 22,86 cm.

Edición y Publicación: Editorial Alfonso Arena, F. P.

Sello Editorial: EAA Ediciones

Editor: Dr. Alfonso J. Arena V.

Revisión y Aprobación Editorial: Dra. Arcadia L. Vargas H.

Diseño y Diagramación: Giuseppe M. Bastián.

Email: editorial@eaa.com.ve

http://www.eaa.com.ve/

HECHO EL DEPÓSITO DE LEY

ISBN: 978-980-7844-20-8

Depósito Legal: AR2018000071

DEDICATORIA

Difícil un soneto también el verso libre,
gusta el sonido antiguo, con metro, ritmo y rima
y tácita armonía me eleva en blanca cima;
injusto si comparo me falta un cubalibre.

Soñé con siglo de oro poetas de calibre,
de Vega y Garcilaso me bajan de tarima,
Francisco de Quevedo lo vi que se aproxima;
despierto componiendo la forma que equilibre.

Será Rubén Darío comienza el modernismo,
ahora en la vanguardia pensé en la gran Lucila,
notorio el cacereño poeta con altruismo;
tendrás que ver su nombre, reprime tu tequila,
opciones que tenemos se aprecia el virtuosismo;
será **Domínguez Ramos**, con versos que destila.

Dedico mi obra al excelente poeta, cuyo nombre escondido
en acróstico de este poema, estaremos recordando.

PRÓLOGO

Quien compone un soneto, descubre una magnífica esencia para revelar un sentimiento, para muchos es lo más apreciado de la poesía y quien logra crearlo, sería como un artista de gran categoría, como un inventor o un descubridor, por este motivo, siento un inmenso placer de exteriorizar esta importante obra titulada, La Historia en un Soneto.

Un sonetista debe tomar en cuenta muchos elementos, como llevar un orden con relación al cuento o historia del poema, después de la introducción, le sigue el desarrollo, los desenlaces y finalmente un remate para concluir, de igual manera, deberá regirse por todas las exigencias; no solamente de una exteriorización eufónica en cada verso, también debe adecuarse a la división rítmica; para mí, es un verdadero placer prologar esta excelente obra, donde su autor cuida rigurosamente que los versos se ajusten a la norma métrica, a la rima y lo más importante, al sonido o melodía que genera cada verso con relación a la adjudicación de sus acentos rítmicos, lo que conocemos como el ritmo.

En este libro podemos encontrar personalidad, conozco al autor, me siento orgullosa que sea mi padre, he leído otros libros de su autoría, en cada uno, observo su desvelo y la forma de crear. Iván Sergio Arenas Vargas, desde muy joven sintió un inmenso interés por la naturaleza, por ayudar al prójimo y por componer versos, es un excelente investigador y sonetista; en la herpetología realizó la descripción de una nueva subespecie de serpiente de coral, que científicamente se llamaría *Micrurus isozonus sandneri* Arenas-Vargas, 2015 dando un merecido honor a su insigne y admirado maestro, el doctor Fernando Sandner Montilla; parte de su vida estuvo dedicada a la disciplinada y abnegada labor del bombero, en la poesía le gusta la originalidad, es un innovador; como profesora de lengua y literatura, debo confesar mi parcialidad por esta nueva producción.

En este libro nos embelesamos con la belleza de sus poemas, la desnudes de su autor y su exquisita escritura, al abrir la obra descubrimos una maravillosa dedicatoria, dirigida al erudito catedrático de literatura, crítico literario y gran poeta español Santos Domínguez Ramos, donde se aprecia un increíble y difícil soneto alejandrino, con un acróstico que abarca ambos tercetos y que su autor une, para después culminar en el último verso con el nombre completo, esta dedicatoria en lo personal, entraría entre las más destacadas que he podido observar en toda mi vida.

Siguiendo el contenido de la obra se aprecia diversidad, el poeta conserva un estilo innato que justamente puede ser analizado. Como pedagoga y mujer amante del arte, la literatura y lo que va más allá de ella, manifiesto mi emoción, por explorar y recomendar este estupendo libro.

Geraldine V. Arenas H.
Profesora de Lengua y Literatura.

PREFACIO

En el libro La Historia en un Soneto, existe una forma de inferir y explicar que está dirigida a las personas que gusten leer, lo que es incomprensible, en esta obra, podemos encontrar poemas que reflejan momentos, donde se desabrigan intimidades al escribir del amor, de alegrías o del sufrimiento; también se expresan acontecimientos que nunca se podrán comprender, cada composición tiene agregada su historia y en algunas se incluye un pequeño análisis, ya que de esta manera, sería un estilo diferente de trabajos en versos, pero confieso, que estas ideas se me han hecho costumbre, las he presentado en algunos libros que publiqué anteriormente y no las he podido condenar.

Mi querida Venezuela, está atravesando por una lamentable situación económica, política y social, estas son algunas de las razones, que lograron dar el ímpetu, para realizar este libro, igualmente me motiva el amor como osado sentimiento y lo que se encuentra oculto, que atrae por contener secretos universales. Se realizaron 25 sonetos en esta obra, lo que indica que cada poema contiene 14 versos, a su vez, estos poemas están divididos, en 9 alejandrinos, 8 endecasílabos o versos de arte mayor y se concluye con 8 octosílabos, llamados sonetillos o versos de arte menor; analizando los cambios que realizaron algunos autores, como en el soneto inglés de William Shakespeare, con sus tres estrofas de 4 versos cada una, más un pareado; la rareza de los sonetos con cola o estrambote en obras de Miguel de Cervantes, incluso los sonetos del marqués de Santillana, con su rima cruzada; continué observando en los tiempos modernos las combinaciones o modificaciones de la rima, también los cambios con los versos de distintas medidas, o polimétricos del gran Rubén Darío, descartando los sonetos sin rima de otros autores; todo esto me motivó, para trabajar en poemas que tuvieran originalidad, por ejemplo; un alejandrino titulado Arcadia, en el uní, la primera estrofa de 4 versos que tiene rima abrazada; con un terceto que lleva rima encadenada, logrando como una variedad de séptima, donde tuve cuidado de no rimar más de 2 versos seguidos; en ella realicé un acróstico, después le sigue otra estrofa de 4 versos y finaliza con el terceto, igualmente el mismo poema se puede construir, con dos séptimas o los 14 versos en forma continua, su rima puede mantener un esquema ABBABAB ABBA BAB. En otro poema que se titula Amor y Tiempo, este es un endecasílabo en el cual hice un acróstico escondido, ubicado en el primer cuarteto; ambos casos nunca los observé y son pocos los poetas que componen séptimas.

Debo revelar, que algunas de las composiciones contenidas en este libro, se pudieron desarrollar, gracias a las conversaciones que se lograron mantener por las redes sociales virtuales, con amistades y familiares que tuvieron que partir a otros países, esto dio razón a la inspiración; es el caso del poema Mare, un sonetillo con pie rítmico acentual dactílico, en el cual descarto los arreglos, para fabricar una licencia poética llamada sinafía, asimismo el poema Bombero, un alejandrino, inspirado en los héroes y heroínas de una abnegada institución y dedicado a un héroe incognito, que decidió emigrar y seguir ayudando al prójimo;

sigo entusiasmado en grandes amistades, con el alejandrino llamado La Tigra Mariposa, que dedico al descubridor de esta serpiente, excelente amigo y mi gran maestro de la Herpetología, profesor Fernando Sandner Montilla, él ya no se encuentra entre nosotros, las reminiscencias hicieron posible esta inspiración; destaco que el nombre de una subespecie de serpiente de coral que describí en años anteriores, sería un patronímico en género masculino en su honor, la misma se llamaría científicamente ***Micrurus isozonus sandneri*** Arenas-Vargas, 2015 y retornando con el poema, este es el primer trabajo en versos con métrica, que destaca a la hermosa y temida serpiente, Tigra Mariposa o ***Bothrops venezuelensis*** Sandner-Montilla, 1952.

En otro soneto que por título lleva, "Es otra Venezuela", escogí malos momentos para componer; estos versos llamados alejandrinos, que se enfocan en la difícil situación del país, principalmente sentí deseos de realizarlos cuando quedé muy impresionado al observar, a una turba de personas, hombres, mujeres y niños, disfrutar del tormento de un infeliz, salvajemente golpeado y luego incendiado. En el poema expreso mi preocupación, por una niña que conocí, se encontraba sola y llorando por hambre en la nochebuena; estaba tan concentrado en este nuevo trabajo, que hubo hasta sueños con una criatura inverosímil, la cual trató, de encaminar los versos del poema Lilith. En el poema que denominé Vesania, me concentré en los desaciertos que se cometen en esta vida, describo en versos un lugar misterioso, estoy enfervorizado por una bruja o quizás era un hada, que me recordaba al león de Nemea, al amanecer desapareció y luego una centáuride de las que llevan arco y flecha, más una señal de fuego, me causaría heridas que nunca sanaron; afortunadamente, en esta sociedad donde abunda la falsedad y el temor, no todos se creen que tenemos vesania, muchos son ilusos como *don Quijote,* esta historia no es de fantasía; pude ampliar este soneto alejandrino, mejorando algunos versos rimados que encontraría en un libro de mi autoría.

Me invadió la satisfacción, cuando realicé el sonetillo que por nombre lleva Geraldine, sus dos redondillas y los dos tercerillos que lo componen, están inspirado en un ser muy especial que motiva el lenguaje poético, y desde luego, hay más poemas en este libro, todos producto de una iluminación, que daría el brillo a una forma de exteriorizar; no hubiera sido posible elaborar esta obra, sin el soporte incondicional de toda mi familia, a quienes les agradezco su motivación, esto me dio la fuerza en un país agraciado, donde las personas pasan por una lamentable situación de infortunio. Especialmente doy gracias a mi madre Arcadia Vargas y a mi hermano Alfonso José, sin olvidar a mi esposa Iris; sin ellos la vida no tendría alegrías, extiendo mi agradecimiento para la familia distante, a mis tíos Elena Arenas, Salomé Arenas, Miguelina Vargas, Evencio Vargas, a mis primas, Belén, Marisela y Naty, algún día cercano nos reuniremos; para concluir, agradezco a mis amistades, Marelyz Bejarano, Jack Hoopia, Diego Arteaga, José Sánchez, Adolfo Houtmann, Abelardo Dreikha y Enrique Marín, que a pesar de la distancia se sienten cercanos, si alguien quedó por fuera en esta corta lista, espero me pueda disculpar, ustedes han dado una razón para este lenguaje.

El Autor.

SONETOS ALEJANDRINOS

ARCADIA

Años y sigo viendo la fuerza en lindo ser,
recuerdos imborrables la dulce protectora,
canciones y los cuentos conservo bien ahora,
a Dios agradecido por verte encanecer;
distinto mi poema que obsequio a una tutora,
idílico su nombre mi vida componer;
aurora de utopía con paz y linda flora...

¿Existe el paraíso? Mi Dios podrá saber,
prefiero dulce tierra sin caja de pandora,
país que me imagino con mucha paz señora;
conozco de alegrías que brinda la mujer.

Mi madre muy querida, tenaz y gladiadora,
contigo en larga vida quisiera envejecer;
me siendo resguardado por una gran pastora.

Para este soneto, quise realizar algo que tuviera peculiaridad, inicialmente procedí a unir un cuarteto con un terceto, teniendo cuidado en este caso de jamás rimar más de 2 versos seguidos, el resultado fue, como una variedad de séptima y en esta estrofa que son muy poco usadas por los poetas, pude realizar un acróstico que indica el nombre de la persona a quien le estoy dedicando; el mismo se encuentra, al iniciar la primera letra del primer verso y en forma vertical, luego proseguí, con la fabricación de un cuarteto y un terceto para culminar con 14 versos, pero aclaro que todos los versos también pueden unirse en una sola estrofa, o presentarlos en dos séptimas y sin alterar el resultado del acróstico, ya que al finalizarlo, seguidamente en el verso 8° hago una pregunta y el signo de interrogación, hace como un aislamiento en las letras que continúan; con este poema se intenta un hallazgo.

Utilicé en su elaboración, varios patrones de alejandrinos, siendo los acentos rítmicos más comunes en las sílabas 2.ª 6.ª 9.ª y 13.ª, por ser versos alejandrinos, sus acentos principales serían en las sílabas 6.ª y 13.ª, esto indica que son versos compuestos de dos hemistiquios, entre ellos existe pausa; intencionalmente entre los dos hemistiquios, siempre finalizo o comienzo las palabras, eludiendo el encuentro de dos vocales y no es mi estilo alterar el valor métrico, restando o sumando sílabas, con palabras esdrújulas o agudas, situadas donde se hace la pausa en el primer hemistiquio. La rima es abrazada en las estrofas de cuatro versos y a la vez encadenada en las estrofas de tres versos, la misma puede llevar el esquema ABBABAB ABBA BAB o este esquema en forma continua al unir toda la estrofa. El poema está dedicado a la mujer ejemplar que me dio la vida, el nombre de Arcadia ofrece sosiego, es idílico, es la utopía, que en los versos me pregunto, si realmente existe este paraíso; en mi pensamiento, imagino todo lo sutil y hermoso en otro mundo, al despertar deseo ver la tierra con su inmensa naturaleza y sin males; cuando miro a mi madre me doy cuenta de una fantasía que se hace realidad.

ANASTASIA

Inquieta la duquesa su suerte en el abismo,
creyó en un monje loco, pérfido actor sensual;
el último linaje de Rusia la imperial,
caída del zarismo se queda el comunismo.

El crimen de Anastasia la sangre del trotskismo
los blancos con los rojos en guerra universal,
malvados bolcheviques, de Lenin es el mal;
un Yákov moriría de gripe por sadismo...

Matanza de inocentes final de dinastía,
broquel con finas gemas el traje se perdió;
por mártir eres santa, piedad que se sentía.

Comienza la leyenda que un pueblo alimentó,
en mundo de utopía vivió con alegría
y luego la impostora, Románov se creyó.

El poema, cuenta la historia de la gran duquesa Anastasia Románova, la hija menor de Nicolás II, el último zar de Rusia y de la zarina Alejandra, en la primera estrofa resalté, la precaria suerte que tuvo Anastasia durante su corta vida; al nacer sus padres sintieron desilusión ya que deseaban a un niño, con el tiempo, ella junto a su familia, congeniaron con el enigmático Grigori Rasputín, un curandero de fuerte mirada y gran elocuencia, que se había ganado la confianza de la monarquía, este hombre para muchos era un depravado; en febrero de 1917 se origina la revolución rusa, este suceso pone fin al zarismo, la familia imperial cae prisionera del gobierno provisional y luego con la otra revolución en octubre, los bolcheviques se quedan con el poder, los ingenuos creyeron que Rusia era un país libre, lo cierto es que hubo más represión, hambrunas y muertes. En la segunda estrofa, resalto el crimen de Anastasia y la guerra civil, esta se originó por los acontecimientos anteriormente descritos; en ella participaron las fuerzas del ejército rojo (bolchevique), contra las fuerzas fieles al zarismo, llamadas ejército blanco y también los opositores a la revolución; la estrofa concluye con el nombre de un líder comunista del partido Bolchevique, quien tuvo responsabilidad en el asesinato de los Románov, este otro Yákov, moriría de gripe española ocho meses después de esas ejecuciones.

En la tercera estrofa, continúo narrando la desventura de la familia imperial; Anastasia junto a sus hermanas, fueron salvajemente asesinadas por los bolcheviques, algunas balas impactaron en las piedras preciosas, que ocultaban las duquesas en el interior de sus trajes, entonces las remataron a golpes y a bayonetazos, con el tiempo la iglesia ortodoxa rusa, confirmó su martirio y validó la canonización de la familia Románov junto con otras víctimas de la tiranía. Al concluir con la cuarta estrofa, en ella se menciona la posible sobrevivencia de Anastasia, algunas mujeres se hicieron pasar por la gran duquesa, la que tuvo más notoriedad fue Anna Anderson quien resucitó la increíble leyenda.

BOMBEROS

Los hombres y mujeres de mucha abnegación,
estudio y disciplina formó al bombero diestro,
sonar de las sirenas acuden a un siniestro;
valientes servidores en una gran misión.

Incendio que entristece por ser vegetación,
rescatan mi mascota, será un amigo nuestro,
modesto combatiente te rezo un padrenuestro;
el fuego su enemigo salvar es su pasión.

Titanes en tarea derriban la muralla,
atienden los desastres cumpliendo su deber;
persona que respeta si algún colega falla.

Ocultan los temores que existen de caer,
olvidan los peligros rechazan la medalla;
bomberos son amigos su diario es socorrer.

En una tarde de aguacero, contemplaba la lluvia, mientras realizaba las anotaciones de estos versos alejandrinos, que dediqué a los héroes y heroínas llamados bomberos; mientras pensaba en el ayer, movía mi vieja pluma, obsequiada por los Bomberos del Estado Aragua Venezuela, en el año de 1982, dizque por la aplicación al bombero que se destaca en su formación; en esa institución vienen muchas reminiscencias gratificantes que han quedado indelebles, como rostros sonrientes de personas agradecidas, al mismo tiempo experimentaba tristeza e impotencia, por aquel, que no volvió a reír, sintiéndome agraciado y solitario a la vez; es lo difícil de ser bombero, de cualquier forma mi vida todavía se emociona, con los carros bombas y el sonar de sus sirenas al verlos pasar con premura.

La institución bomberil, ha formado a muchos hombres y mujeres para lo complejo, allí podemos encontrar nobleza, excelencia, hermandad y muchos paladines; esto me motiva para descubrir a uno de ellos, a un héroe incognito, un excelente amigo de la infancia, llamado Enrique Marín, quien pasó por las filas del cuerpo de bomberos en el Estado Aragua, actualmente él vive en Chicago, la ciudad de los vientos; de bombero era muy servicial, se conocía por su excelente condición física, era un atleta y deleitaba a todos, con sus extraordinarios ejercicios, de saltos con los volteos de 360° hacia atrás conocidos como flic flac; recuerdo la facilidad que tuvo, ganándose la confianza de una perrita dálmata llamada princesa, la misma había sido rescatada y se mantenía esquiva y agresiva, solo se daba con Enrique y cuando él hacía un extraño sonido con la boca, el animal salía corriendo exultante agradeciendo su llegada, este servidor, siempre fue un buen samaritano que prefiere estar en el anonimato, mi apreciado amigo, conserva su buena voluntad para ayudar al prójimo, actualmente son muchos los venezolanos que pueden dar fe de su generosidad, es una persona con gran corazón; Enrique es un héroe incognito.

ES OTRA VENEZUELA

Escojo un mal momento que puedo componer,
mirando a un delincuente que grita compasión,
su cuerpo está incendiado crueldad en la sanción;
es otra Venezuela prefiero a la de ayer.

Francesca es una niña que duerme sin comer,
futuro tremebundo relato sin ficción,
políticos malignos culpables de traición;
enojo y las carencias del pueblo pude ver.

Moneda devaluada perversa la inflación,
vileza y delincuencia la gente sin placer,
enfermos que se mueren faltó medicación.

Mi patria y sus caudillos la quieren carcomer,
familias se separan por una emigración;
a jefes desalmados tendremos que vencer.

Dicen que, sin ganas es mejor no escribir, jamás compuse
en tan mal momento y confieso que impresionado, no sabía
dar comienzo a la primera estrofa de este soneto alejandrino,
la inseguridad reinante en Venezuela es un mal desbordado,
el desgobierno lo nutre, esta situación tiene años y cada día

empeora; no estamos en guerra y las cifras de víctimas por la violencia desatada es alarmante, en dos ocasiones miré a la muerte que me sorprendió en la entrada de mi casa, en esos difíciles momentos, resulté herido por varios impactos de bala; en esta otra Venezuela, muchos son los venezolanos que cuentan su infortunio. Un incidente me motivó para realizar este poema, comenzaba el año 2018, era de noche y me encontraba en mi hogar escribiendo versos, de repente escuché un escándalo, era una turba de gente que reprimía a un ladrón, luego pude ver a cientos de personas, hombres, mujeres y niños, disfrutar de la tortura, pero una aberrante golpiza, no sació el cólera de la muchedumbre, en cuestión de minutos, nuestros hogares estarían impregnados de un olor a carne quemada; aquel infeliz hombre, dio algunos pasos pidiendo ayuda, era una antorcha humana.

Cada día veo más penuria, mucha gente de mi pueblo se alimenta de la basura; en la segunda estrofa, resalto las carencias de los jóvenes, en especial de una niña llamada Francesca, que conocí el 24 de diciembre de 2017, casi era navidad, ella estaba en una acera llorando por hambre, no conoce de San Nicolás, tampoco del niño Jesús.

En la tercera y la cuarta estrofa, menciono sobre una situación ya crítica, la moneda devaluada, hiperinflación, muchos mueren por falta de medicamentos, se acaba la alegría, reina el desorden, la intimidación, hay corrupción y las familias separadas por esta situación, más los políticos tan indolentes con un pueblo demasiado indulgente.

HECATOMBE

Catástrofe en Europa final de aquel verano,
el Nazi con matanzas, otoño comenzando
y muerte a los judíos están solicitando;
remedio para Adolfo macabro soberano.

Estado genocida también con el gitano,
odiado el comunista la gente está temblando,
el gueto de Varsovia soporta guerreando;
tocaron el nocturno de Chopin en un piano.

El viejo continente resiste un orden nuevo,
los Arios revividos la esvástica adoptada,
países invadidos ¡Lo malo no promuevo!

Ideas impulsadas por libro que remuevo,
barbarie de la guerra contó mujer violada
y sufren hecatombe; de todos me conmuevo.

En la primera estrofa de este soneto alejandrino, describo el genocidio que aconteció en la segunda guerra mundial; finalizaba el verano de 1941 y comenzaba el otoño, el gobierno de la Alemania nazi, a cargo de su líder Adolf Hitler promovía la crueldad, el racismo y el antisemitismo, dándole también legitimidad a la barbarie, para este gobernante era una solución final. En la segunda estrofa del poema destaqué el desarrollo del exterminio, incluso con los gitanos y las represalias y persecuciones a los comunistas; detallo el alzamiento en el gueto de Varsovia y de igual manera, resalté las actuaciones del pianista polaco Wladyslaw Szpilman, uno de los sobrevivientes que pudo acariciar el piano, tocando el nocturno en do sostenido menor, de Fryderyk Chopin.

La tercera estrofa, hace alusión a las ocupaciones de países y las políticas genocidas del régimen nazi; Hitler le hace difusión a la supuesta raza aria y adopta como símbolo, la antigua cruz esvástica. En la cuarta y última estrofa, hago mención de las ideas políticas de Adolf Hitler, en el libro Mi Lucha, también censuro el salvajismo de las fuerzas rusas cuando entran en Alemania, dejando una huella imborrable, con sus ensañamientos, muertes y violaciones masivas.

LOS AÑOS AMARGOS

Penosa falta es culpa, de Mao y su rebote,
hambruna que me aterra, desastre en toda China;
comunas en los campos estímulo declina,
labriego en los metales producto del cipote.

Se pudre la cosecha la gente clama lote,
fallecen viendo granos política que arruina,
graneros muy cuidados doctrina tan dañina;
sequías y diluvios alarga tanto azote.

Comiendo bien el líder celebran los villanos,
las casas confiscadas la tierra despojada;
amigo fiel sería festín de los humanos...

Salarios miserables crueldad de los tiranos,
persona conformista se queda solapada;
montones de expirados comida de gusanos.

En la primera estrofa de este soneto, se hace alusión a las consecuencias negativas que trajo el plan del líder Mao Zedong, llamado Gran Salto Adelante, el mismo tenía como meta, los cambios radicales en la economía China durante los periodos de 1958 y 1961, principalmente en el sector agrícola, donde se elimina la agricultura privada, dándose inicio a las comunas en forma intensiva y con obligatoriedad; millones de campesinos y personas de los pueblos, fueron enviados para los trabajos de la producción de acero, con el propósito de industrializar la nación, expertos en labores agrícolas, serán puestos a trabajar sin ninguna experiencia en esta área, entregando un pésimo producto.

En la segunda estrofa, comienzan a sentirse los efectos dañinos de las malas políticas; debido a la colectivización, muchos serían los campesinos que perdieran todos sus bienes, en los campos se comenzó con improvisaciones, con trabajos excesivos para aumentar la producción, esta no llegaba a sus metas previstas, a su vez el gobierno, exportaba la mayor parte de los alimentos para la Unión Soviética, con el objeto de cancelar deudas y dejaban las miserias para el pueblo, este nunca tuvo acceso a las enormes cantidades de granos que permanecían muy cuidados en los graneros; eran millones de personas que se encontraban muriendo de hambre, y toneladas de alimentos perdiéndose por su mala distribución. Para aumentar esta tragedia, las sequías e inundaciones se presentaron por un tiempo prolongado, las catástrofes originarían muertes y escasez de los alimentos.

En la tercera estrofa, dejo claro que estos líderes políticos, gozan de su abundancia y despojan a muchos de sus pertenencias, mientras el pueblo hambriento comienza a comer perros. Finalizando con la cuarta estrofa, destaco sueldos miserables, las personas habituadas al sufrimiento y las cantidades de cadáveres descompuestos por las calles.

TIGRA MARIPOSA

Hermosos los colores que acechan con cautela,
su casa está nublada temida la serpiente,
su piel un terciopelo cuidado con la gente;
la tigra mariposa se llama Venezuela.

Neblina tenebrosa se asoma el centinela,
es muy vertiginosa contó el sobreviviente,
mi amigo Jack se salva persona tan valiente;
sufrió una mordedura terrible su secuela.

Despido aconsejando vigila al ser curioso,
alerta excursionista, la tigra está apostada
en sitios del camino, su entorno es bien boscoso.

Sandner Montilla aporta, su hallazgo tan valioso,
será venezuelensis por ciencia así llamada;
especie interesante de ofidio venenoso.

El poema está compuesto, por 14 versos alejandrinos con rima abrazada en las estrofas de cuatro versos y encadenada en las de tres versos, su esquema sería, ABBA ABBA CDC CDC, entre los hemistiquios evito de manera intencional, encontrar o juntar vocales, entre una palabra que finaliza y la otra que comienza, incluso conociendo la regla de no aceptar la sinalefa, cuando dos vocales se rozan donde existe la pausa; de igual forma siempre desestimaré, las palabras oxítonas y proparoxítonas al finalizar el primer hemistiquio, ya que nunca me ha gustado sumar o restar sílabas métricas, en la mitad del verso, sus acentos rítmicos principales, estarían en las sílabas 6.ª y 13.ª, el soneto presenta varios modelos acentuales, pudiéndose apreciar acentos rítmicos en las sílabas (2.ª 6.ª 9.ª 13.ª) (2.ª 4.ª 6.ª 9.ª 13.ª) y (2.ª 6.ª 9.ª 11.ª 13.ª) Entusiasmado con una de las serpientes más hermosas del mundo, realicé este poema para la tigra mariposa o *Bothrops venezuelensis* Sandner-Montilla, 1952.

En el primer cuarteto, comienzo con una presentación definiendo algunas características del ofidio, seguidamente en el segundo cuarteto, desarrollo la historia de un excelente naturalista, mi gran amigo Jack Hoopia que sobrevivió a la mordedura de una tigra mariposa, recuerdo que le pregunté, si consideraba a esta serpiente agresiva y temeraria; él me responde que es más bien tímida, hasta que se siente amenazada y en esa situación, se vuelve temeraria para defenderse lo que hace con agresividad. En el primer terceto, doy desenlace con unos consejos para las personas que visitan el ambiente donde se encuentra la serpiente; al concluir con el último terceto, procedo en destacar la importancia científica que tiene este descubrimiento.

VESANIA

Paraje donde siento las aguas recorrer,
jugando con la bruja que pudo ser un hada,
caricias con cautela la siento embelesada,
rugido de leona que miro enloquecer.

Mi vista tan borrosa jamás pensé que hacer,
su piel oscura tiene, silueta delicada
y luego delibera vesania apasionada,
¿Será de doble cara? Prefiero a la mujer.

La fiera con su aroma se marcha con el día,
un cuento o desvarío juzgué su cobardía;
¡Centáuride se acerca! Criatura que malhiere.

Encuentro en una tierra de mucha hipocresía,
familias confundidas, brujita y fantasía...
Quirón es el reposo querer por yerro muere.

Vesania presenta 14 versos, cada uno contiene 14 sílabas métricas (alejandrino), este poema está compuesto por dos cuartetos y dos tercetos, sus acentos rítmicos primordiales por tratase de versos alejandrinos, siempre estarán presentes en las sílabas 6.ª y 13.ª Se pueden observar versos que presentan una pausa interna, la parada parte el mismo en dos hemistiquios; tomamos el siguiente ejemplo con el verso 1° **Pa**ra**je don**de **sien**to / las **a**guas reco**rrer** 7 / 6 + 1. Cuando recitamos la composición, podemos sentir y también observar diferentes patrones en el ritmo acentual, el más notorio y presente en todas las estrofas, tiene marca rítmica en las sílabas 2.ª 6.ª 9.ª 13.ª Que se puede hallar en los versos 3°, 4°, 7°, 9°, 10°, 11° y 13°. Su rima sería consonante, se abraza en los cuartetos y se puede apreciar el esquema ABBA ABBA CCD CCD; en el poema deseo expresar, los desatinos que marcan a las personas, durante su existencia en una sociedad rebosada de hipocresía y pusilanimidad.

En los cuartetos, detallo un lugar enigmático en donde estoy encantado, no sabría decir si por una bruja o por un hada, mi vista está alterada, estoy confuso, miré una figura algo atezada y estilizada, era una tímida leona, para mí, interpretaba la intensidad del verano y el vigor del sol, era dominante y tenía fantasía, pero hubiera anhelado a una sencilla doncella, para no recordar al león de Nemea.

Concluyendo con los tercetos, pude apreciar a una fiera que cavila y dejando su bálsamo, desapareció con el amanecer; tan solo pasó un día y me encuentro a una centáuride, llevaba arco y flecha, su señal era de fuego y su vehemencia la hizo insensata, prefiero a un centauro sabio y miré las estrellas buscando a Quirón, porque de centáuride no quise saber; cuando pude contar la historia, no todas las personas se han creído que tenía vesania, muchos seremos ilusos como *don Quijote*, pero la historia no es de fantasía.

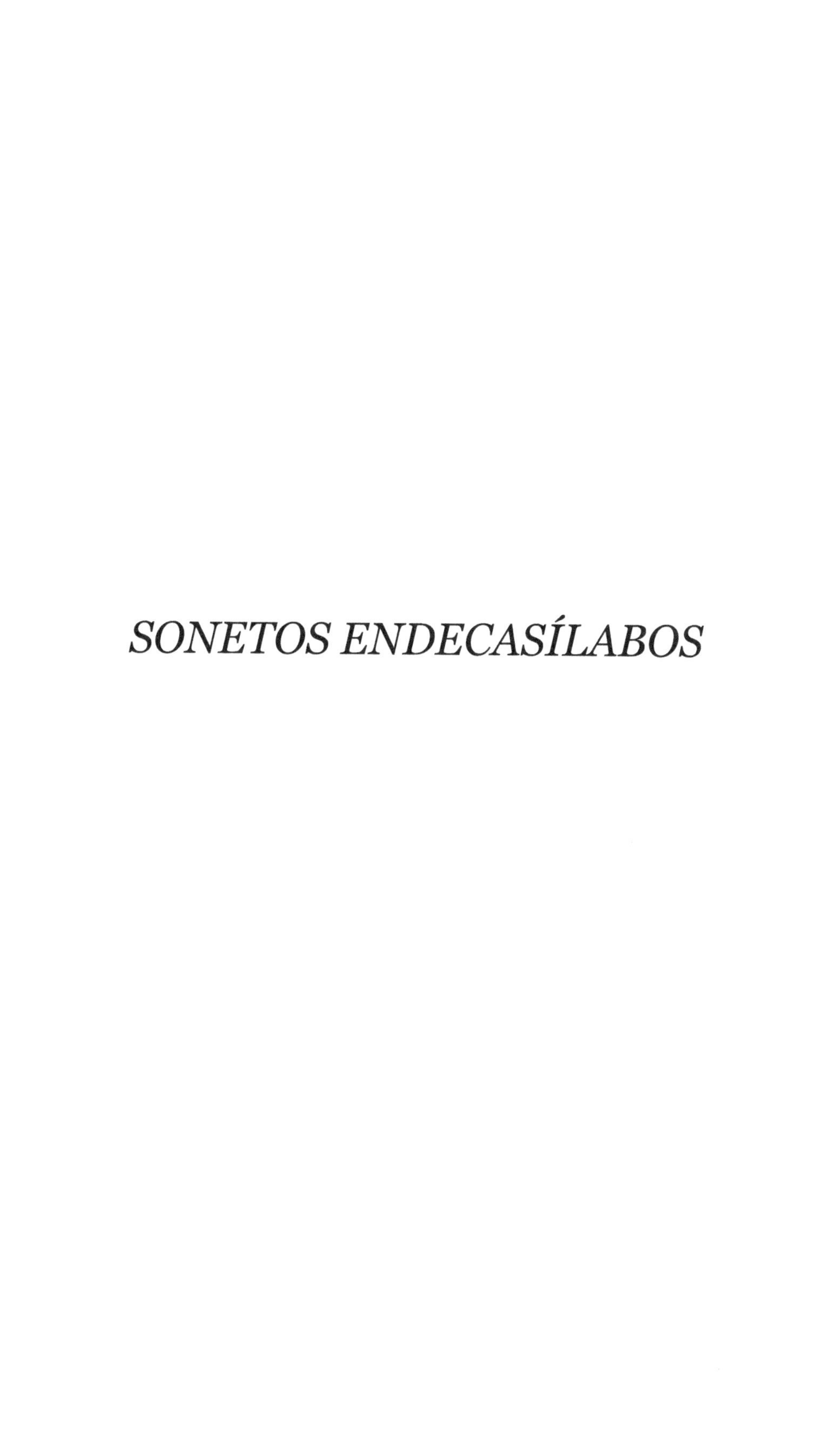

SONETOS ENDECASÍLABOS

AMOR Y TIEMPO

¡El destellar! Iluminó mi vida,
noble mujer, recuerdo vivamente
y con versos, inscribo muy paciente,
este nombre, seguro no se olvida.

¡Mi Dios! Detén el tiempo y su medida,
para mirarte siempre tan sonriente,
no morirá, mi corazón ardiente;
deseo amar sin el temor a la ida.

El mundo gira sin retroceder,
caudal de pruebas hemos superado;
soñé contigo lindo amanecer.

Si el cariño llegase a envejecer,
hastiando todo afecto disfrutado;
con placer, pensaría en el ayer.

Amor y tiempo, es un soneto endecasílabo, donde utilizo versos sáficos, melódicos y heroicos, el acento o apoyo rítmico primordial siempre se encontrará en la sílaba 10.ª En el primer cuarteto, hay algo oculto que puede tener originalidad y decidí realizarlo de esta forma, debido a que en los sonetos de otros autores nunca aprecié esta novedad; se trata de un acróstico escondido con el nombre de la persona a quien le dediqué los 14 versos; el mismo se encuentra verticalmente, casi en el centro, comenzando con la palabra (Iluminó) y en la quinta sílaba métrica.

En los versos primero y el segundo, se pueden observar unas posibles primeras pausas, que finalizan con palabras oxítonas (destellar, mujer), pero esto no compromete el metro largo en compuesto, no tendré que sumar una sílaba métrica en un supuesto primer hemistiquio o heterostiquio, ya que tuve cuidado con los acentos rítmicos, estos cayeron en la sílaba 4.ª y nunca procedí de la forma inadecuada, que sería, cuando por rareza, las palabras agudas caen en la sílaba 6.ª Para este caso utilicé versos sáficos (4.ª 8.ª 10.ª) y (1.ª 4.ª 6.ª 8.ª 10.ª) Se mantiene una rima con el esquema tipo ABBA ABBA CDC CDC, que sería abrazada en los cuartetos y encadenada, solamente en cada uno de los tercetos.

De tantos sentimientos que pueden estar presentes en lo que conocemos como amor, meditaría en lo bonito y la satisfacción que origina la disposición filantrópica; aunque en el poema Amor y Tiempo, me refiero a los sentimientos que han vencido, lo irracional que puede resultar el amor romántico, para evolucionar de forma racional y tratar de reconocer más, los elementos que pueden cautivarnos o no, entonces puedo observar lo generoso que ha resultado el tiempo, pero hay inconformidad, me di cuenta que en mi opinión, el tiempo es insensible y suplico por detenerlo, esto solo lo pude lograr en mis pensamientos.

CERCA DE WATERLOO

Cielo que llora, sur de mi Bruselas,
día después batalla se entristece,
defensiva que al duque favorece
y el ataque del Sire con secuelas.

Fango donde se pegan muchas suelas,
artillería de los galos crece,
al aliado la cima le guarece;
quitan al muerto dientes y sus muelas.

Fuerzas prusianas entran en acción,
sedientos de cobrarse la derrota;
triunfo que obtiene la coalición.

Países bajos libres de invasión,
sueño imperial del hombre que se agota
y desterraron a Napoleón.

Para realizar este poema endecasílabo, tomé en cuenta el estoicismo que me ofrece el verso sáfico, la exquisitez del melódico y la simetría que brindan los versos heroicos, me gustan esas combinaciones cuando describo los tiempos de guerra, su rima es de esquema ABBA ABBA CDC CDC, abrazada en los cuartetos y encadenada en los tercetos; en el presente soneto se narra la historia, de la última batalla de Napoleón Bonaparte, que ocurrió cerca de Waterloo al sur de Bruselas, el mal tiempo del día anterior, presagiaba el enfrentamiento y sus miles de víctimas, entre el ejército Francés y el ejército Inglés con sus aliados.

Se acerca el mediodía del 18 de junio de 1815 Napoleón utilizó en su ataque, los mortíferos cañones y el duque de Wellington optó por la defensiva protegiendo a sus hombres detrás de las colinas, el barro estorbaba a los bandos en pugna y el campo estaba transformado en un lugar enervante, con gran cantidad de heridos y cadáveres; todo indicaba que Napoleón lograría otra victoria, pero hubo un giro inesperado en la contienda, cuando la caballería y la guardia imperial francesa serían vencidas.

Demorado entró en la acción, un numeroso ejército prusiano al mando del veterano Gebhard Leberecht von Blücher, quien había fracasado dos días antes, en la batalla de Ligny y como mencioné en los versos, estaba sediento de cobrarse la derrota, los franceses entran en caos, la coalición había triunfado; quizás el mal tiempo del día anterior jugó en contra del gran Napoleón, quien tuvo que retrasar el ataque por las pésimas condiciones del terreno.

La campaña de Waterloo ya había concluido, este remate imperial del Sire quedaría arruinado, terminó la invasión de los países bajos; fin de la guerra y los dientes de los muertos servirían para los vivos; días después se rindió el emperador, el cual fue aislado forzosamente en la isla de Santa Elena.

HOLODOMOR

Lósif lidera daños y exterminio,
roban el trigo me pondré a llorar,
gran holocausto solo queda orar;
poder central creando su dominio.

Los colectivos son el vaticinio,
control total y el mal a germinar,
los campesinos a desmejorar,
soldados rojos sin el raciocinio.

Se adueñan de los granos del ganado,
despojan el ingenio igual la tierra;
eliminan la clase más pudiente.

El versado cautivo muy asechado,
de las espigas una ley que aterra
y hambruna, para un pueblo muy renuente.

El poema hace referencia en su primer cuarteto, al genocidio ucraniano conocido como holodomor, ocurrido durante los años 1932 – 1933, muchos países confirmaron el término de hambruna artificial, catalogándose lo descrito como hechos despiadados, donde millones de ucranianos murieron por falta de alimentos, siendo responsables, el poder central soviético liderizado por Lósif Stalin; existen otras opiniones por parte de los afectos al comunismo, quienes afirman, que la hambruna se produjo por sequías y pésimas cosechas. En el segundo cuarteto, se resalta sobre la creación de las colectivizaciones, esto traería como consecuencia, una pugna provocada por el estado comunista, en contra del modelo actual y los campesinos entran en rebeldía, ahora reina la ineptitud, el embrollo y la pobreza; el temido ejército rojo actúa con despotismo y sufre el pueblo de Ucrania.

Finalizando con los tercetos, narro sobre expropiaciones de las granjas con sus instrumentos, el estado controla todo, la propiedad privada pasó a ser explotada por el colectivo; Stalin ordenó elevar la producción de granos para negociarlo en el extranjero por debajo de su valor, entonces se agotaron las reservas en los graneros; los expertos aseguran, que el estado creó una hambruna con el propósito de poder controlar a los campesinos, lo expuesto causó la muerte de miles de personas diariamente, ahora las élites rurales se encuentran reprimidas. El instruido confinado y para colmo del mal, fue creada una Ley de las Espigas, que ofrecía prisión o muerte a la persona que se apropiara de alguna cosecha.

JEANNE

Nació en Domrémy, virgen de Lorena,
ella fue la valiente militar,
toda Francia te va a necesitar,
de Orleans la doncella enhorabuena.

Vestida de hombre ¿La deidad obscena?
Ignoto ser a Carlos incitar,
en Patay la victoria celebrar;
salgan ingleses galos en colmena.

El Rey traiciona Juana que declina,
es atrapada por los Borgoñones;
su martirio, los clérigos y daños.

Señal de Dios en joven campesina,
guiada por voces con apariciones;
giró una guerra de copiosos años.

La admirada doncella de Orleans; una joven campesina francesa llamada Jeanne Darc (d'Arc), conocida en el mundo como Juana de Arco, quien afirmaba recibir mensajes de Dios a través del arcángel Miguel; ¡Asombroso lo que sabía! ¿Existió alguna manera de poder saberlo? Lo cierto es que, con su valentía durante la edad media, le dio la vuelta a un cruento conflicto entre Francia e Inglaterra conocido como La Guerra de los Cien Años; Juana conocía su misión, era como una virgen vestida de hombre, que dirigió a su ejército, a una serie de triunfos en la campaña del Loira logrando la liberación de Orleans. Patay fue la batalla contundente y estas victorias, permitieron que el delfín Carlos VII se coronara rey de Francia; la heroína después de tantas luchas entra en declive, también fue traicionada, finalmente es atrapada por los borgoñones y posteriormente, entregada a los ingleses. Juana de Arco era excesivamente religiosa, inexplicablemente un tribunal eclesiástico la condenó a morir en la hoguera, alegando entre tantos cargos, las falsas revelaciones; con el tiempo se pudo comprobar su inocencia y en la actualidad es la Santa Patrona de Francia.

Comencé el primer cuarteto de este soneto, dando el equilibrio, con un verso heroico corto para una mejor armonía acentual en las sílabas 2.ª 4.ª 6.ª 10.ª y culminé el mismo con heroico puro, lo que indica que los primeros acentos, estarán presentes en las sílabas 2.ª y 6.ª Luego para el segundo cuarteto, cuyo contenido es de violencia por la guerra, me empeño en iniciarlo con un sáfico largo (2.ª 4.ª 8.ª 10.ª) y lo culmino con sáfico corto (1.ª 4.ª 6.ª 10.ª), deseando la serenidad en los versos. También incluyo en ambos cuartetos y en el primer terceto, los versos melódicos que ofrecen sutileza por sus primeros acentos en las sílabas 3.ª y 6.ª Prosigo con el segundo y último terceto, donde comienzo con un verso heroico, para finalizarlo con dos sáficos; el acento principal en los catorce versos por ser endecasílabos, siempre se encontrará en la sílaba 10.ª La rima sería con esquema ABBA ABBA CDE CDE.

LA NIÑA DEL NAPALM

¡Cayó la bomba! Sufre el inocente,
la niña corre, víctima del fuego,
guerra y sus ruidos un desasosiego;
política asesina muy insolente.

Joven quemada con napalm ardiente,
era feliz, vivía con sosiego,
un hombre, le tomó una foto y luego,
le ayuda en un momento trascendente.

Sus quemaduras tardan en sanar,
el sistema vigila su camino;
en Vietnam es difícil de pensar.

Trofeo de gobierno muy mezquino,
para ilustrarse tiene que rogar
y Dios termina guiando su destino.

En el poema se resalta un suceso que resultó impactante para todo el mundo; era la mañana del 08 de junio de 1972 y cerca del poblado de Trang Bang, se estaban originando fuertes enfrentamientos, entre las guerrillas comunistas unidas a los soldados de Vietnam del Norte, contra las tropas de Vietnam del Sur, dichos combates tenían días ejecutándose en esa área; pasada la hora del mediodía, ya los vietnamitas del norte que peleaban por la reunificación del país, se habían retirado y llegaba el apoyo aéreo; fue entonces cuando un avión de las fuerzas de Vietnam del Sur, comete el error de bombardear la aldea de Trang Bang, cercana a la ruta 1, la cual estaba habitada por personas inocentes.

El napalm lanzado, dejó una escena dantesca de destrucción y muerte, la gente corría aterrorizada por la carretera uno y también se pudo apreciar, a una joven que gritaba "Demasiado caliente". Era Kim Phuc, ella se había quitado su ropa incendiada, movía sus brazos requiriendo ayuda, su rostro que antes era de felicidad, ahora delataba el dolor y el horror de vivir en la guerra, la muchacha de nueve años de edad presentaba quemaduras de gravedad en sus brazos y espalda; ese triste momento quedó indeleble, cuando el fotógrafo Huynh Cong Ut (Nick Ut), de la Prensa Asociada (AP), le toma una foto y la trasladó a un hospital.

Kim Phuc, después de múltiples operaciones, con el tiempo se recupera, ya Vietnam estaba reunificado, ahora ella era un trofeo de guerra, no era libre, el sistema comunista la vigila y con mucha dificultad pudo estudiar y elegir su camino religioso, finalmente aprovecho una oportunidad hacia la libertad pidiendo asilo en Canadá; Kim es activista, ayuda a los niños que sufren por las guerras y tiene el difícil don de perdonar, ella siente a Dios en su camino.

TREGUA EN NAVIDAD

La historia de una tregua muy informal,
triste Bélgica bajo el frío invierno,
alemanes e ingleses un infierno;
es la primera guerra irracional.

En navidad, pasó algo excepcional,
paz en los bandos males a un averno,
un villancico canta el subalterno;
también regalos y algo adicional.

Silencio de armas en la nochebuena,
propuesta a los soldados desordena;
juego de fútbol y sin arbitrar.

Esa ocasión de bienestar se llena,
otro lugar su artillería suena;
en la pugna, mejor es razonar.

Se desarrollaba en 1914, la primera guerra mundial, los bosques de Flandes cerca de Ypres, al noroeste de Bélgica, estaban llenos de alambres de espinos que cubrían las trincheras, era un lugar aterrador, constantemente sometido al fuego de artillería, donde los soldados tenían que guarecerse, en los sucios subterráneos llenos de ratas y lodo producto de las continuas lluvias, los árboles sin follaje resaltaban la naturaleza herida, así comenzaba un conflicto irracional con los campos colmados de fallecidos y muchos lesionados; en estos sitios donde los frentes comenzaron con sus respectivas rotaciones, cambiaron a permanentes, entonces los combatientes, prácticamente vivían por largo tiempo a la espera de alguna información.

Un 24 de diciembre, los soldados alemanes se preparaban para recibir la navidad, ellos adornaban sus trincheras, luego comenzaron a cantar un villancico austríaco conocido como Noche de Paz, esto motivó a los soldados ingleses, quienes en su idioma se sumaron a los cantos, comenzaba un alto al fuego, un armisticio informal, ahora los enemigos se saludaban e intercambiaban obsequios, hay historias asombrosas, sobre un encuentro de fútbol entre los bandos enfrentados; estas treguas en la navidad, se llevaron a cabo también en otros sectores; son las cosas que pasan sin tener una explicación de cómo es que ocurren, por ejemplo este poema con versos endecasílabos, curiosamente sentí el deseo de componerlo el 25 de diciembre de 2014, en esa oportunidad, me encontraba reunido, celebrando con mi familia y de tantas conversaciones, recuerdo que se abordó este tema y en un cuaderno todavía manteniendo la tertulia, elaboré los primeros versos y con el día ya tenía listo el soneto, es la magia de la navidad, es mejor vivir con paz.

UN PAÍS PARA QUERER

Viajando por sus ríos y paisajes,
la tierra en donde me podré inspirar,
las cordilleras, su impetuoso mar,
desierto y llanos, lindos sus parajes.

Recuerdos que reflejan sus pasajes,
el joropo la fiesta popular,
folklore mágico podré escuchar;
mujeres bellas dignas de homenajes.

Venezuela queremos ayudar,
el pueblo grita basta ya de ultrajes;
su gente con maletas y equipajes.

Hermosa patria quiere cercenar,
satán de sangre, brutos y salvajes;
a Dios imploro divisar mensajes.

Tantos lugares hermosos de nuestra patria que motivan para la poesía; no es difícil inspirarse en Venezuela, es fácil quererla y esto lo reflejo en los cuartetos, cada vez que le escribo a mi país y sobre todo en esta difícil época, siento que la adrenalina fluye, entonces mi cuerpo, tiene un mensaje de alerta y me distraigo al ver y escuchar su excitado mar, quiero relajarme con la brisa de sus montañas, escucho sus cuentos, su música con arpa, cuatro y maracas, mi vista se aclara con sus bellas mujeres y estudio su magnífica biodiversidad, pero no logro calmarme, siento mi presión sanguínea como un río crecido y mi corazón late con fuerza, entonces descargo la energía en los tercetos del poema, y quiero de alguna forma poder ayudar; son millones de personas que han abandonado nuestra amada patria buscando un futuro mejor.

Familias separadas, conocidos, amigos y la gente buena se ha marchado, estamos quedando llenos de infortunio, miseria e inseguridad y acompañados de una gran plaga, que son como verdes langostas que aniquilan nuestro futuro.

Venezuela está herida, ella sangra, los viles cazadores llamados políticos, la siguen extenuando, aquí reina la anarquía, el caos y el envilecimiento por parte de las autoridades, puedo apreciar a mucha gente, como ver los zopilotes en los cerros de basura en busca de sobras para calmar el hambre, miro a mi pueblo morir por enfermedad y falta de medicamentos, no existen soluciones efectivas para poder combatir este mal, que no sabré cuanto más se puede soportar, yo continuaré con la escritura, observando mi rostro preocupado en el agua clara de una laguna, donde doy movimiento a esa imagen al lanzarle algunas piedras, luego prosigo con los versos teniendo fe en un mejor futuro.

LILITH

Hechos de arcilla son los dos iguales,
mujer naciente para Adán formó,
primera esposa que le perturbó;
ella evadía vínculos carnales.

Ave nocturna lindos sus rubiales,
libre es Lilit, así lo decidió
y en nuevo súcubo se convirtió;
del edén se marchaba con sus males.

Con mensajeros, Dios mandó a buscarla,
matan sus crías cuentas por pagar;
se vengaría con recién nacidos.

El sueño erótico podrá invocarla,
se roba el semen para desovar;
muchos demonios por los fallecidos.

Al componer este poema, me pasó algo dominante, era un mal estado de ánimo que no puedo describir con palabras, creo en lo bueno y lo malo y dejo de creer en muchas cosas; mejor busco el razonamiento en el saber, no me enfoco por el conocimiento. Lo cierto es, que tuve un sueño con una hermosa criatura alada, de cabello rubio, que al conversar conmigo, me pedía realizar el verso sexto a maiori, heroico puro (2.ª 6.ª 10.ª), también debía maldecir y halagar su largo cabello; al despertar y dedicarme nuevamente al poema, decidí complacer mi sueño, pero me doy cuenta, que el acento rítmico en la sílaba 6.ª, se ajusta con la pausa interna del verso, comprometiendo un metro largo al dividirlo en dos heterostiquios. El mismo caso se repite con el séptimo verso; el acento en la sílaba 6.ª extrañamente cayó en la palabra infernal, lo que indica una pausa y tenía que sumar una sílaba en el primer hemistiquio por ser una palabra oxítona; el número de la bestia se ordenaba sin mi intención debajo del siguiente verso, todo salía mal cuando buscaba nuevas alternativas, hasta que pude lograr el cambio.

En el primer y segundo cuarteto, se procede con las referencias de Lilith; ella según lo indica el folklore judío, fue la primera esposa de Adán y antes de continuar con los versos, busqué las palabras del antiguo testamento que describe sobre el origen. "Y creó Dios al hombre a su imagen, a imagen de Dios lo creó; varón y hembra los creó" (Génesis 1:27). Se podría entender que dos seres fueron creados de arcilla al mismo tiempo; pero si observamos el Libro Sagrado más adelante, donde se menciona "Y de la costilla que Jehová Dios tomó del hombre, hizo una mujer, y la trajo al hombre" (Génesis 2:22), lo citado también se puede analizar, como un mismo suceso narrado en dos oportunidades; en los pasajes no hay discernimiento, quedando un dilema por resolver y Lilith es un personaje, que tiene su raíz en el paganismo mesopotámico y luego pasó a la superstición hebrea, ella al sentirse igual que su esposo, le resultaba humillante estar abajo, en las posiciones sexuales que él requería y decidió volar libremente marchándose del Edén; este suceso supuestamente se encuentra narrado en la sagrada escritura. "Las fieras del desierto se encontrarán con las hienas, y la cabra salvaje gritará a su compañero; la lechuza también tendrá allí morada, y hallará para sí reposo" (Isaías 34:14). Lo citado puede tratarse de simples animales, o de la profecía, sobre el juicio de Dios contra Edom; también hay quienes afirman, que Lilith es señalada como la lechuza y vive en un sitio donde las fieras salvajes se unirán con las hienas, sobre la cabra que gritará a su compañero, pudiera tratarse de seres llamados sátiros, con aspecto físico entre humano y carnero que tienen una excesiva necesidad sexual; ella está asociada con los súcubos, demonios que presentan o simulan una apariencia femenina.

En el primer terceto se hace alusión, a tres ángeles mandados por Dios en busca de Lilith y por negarse a regresar, recibió como castigo la muerte de cien de sus hijos por día; ella tomará venganza con los recién nacidos, están amenazados de muerte, todos los hijos de Adán, niñas por veinte días y niños por ocho días, incluso sus madres correrán peligro, por tal motivo se debe colocar los amuletos.

En el segundo terceto, podemos observar que los hombres también son atacados durante el sueño, ella recoge el semen derramado involuntariamente (polución nocturna), utilizándolo para engendrar a muchos demonios, recuperando así a los seres malignos que mueren. Me gusta escribir con espontaneidad, anteriormente relaté sobre algunas situaciones incómodas, que se presentaron en la realización del presente poema; también hubo sensaciones desagradables, donde reflejé un sueño con la criatura de largo cabello rojo, ella era seductora, muy agradable, me gustaba escucharla, recuerdo que me encontraba acostado boca arriba o posición decúbito supino, en ese momento comenzaba a soñar y sentí que me invadía un peso en mi cuerpo, desde la cabeza hasta el pecho, estaba frío y cuando comprendí que algo andaba mal, creí despertar pero era peor ya que no podía realizar ningún movimiento, mi cuerpo se encontraba paralizado, al abrir los ojos, logré ver mi sueño desvanecerse poco a poco, luego pude averiguar que me afectaba el estado de la parálisis del sueño, lo que algunas personas llaman síndrome de la bruja vieja.

SONETILLOS

AMOR DE VERANO

Buen licor que me acostumbra
plácido tomé un desvío,
agua brava lindo río,
luz de estrella en la penumbra.

Una noche que deslumbra
el recuerdo de amorío,
flor de orilla con rocío
y querer que me vislumbra.

Amo todo lo que vive,
silva el bosque tan cercano,
con mujer que me cautive.

Grande amor es el de humano,
una fiera que revive;
son amores de verano.

Necesitaba bajar el frenesí del poema, utilizando versos de ritmo tranquilo como el troqueo, con sus acentos rítmicos en sílabas impares; en este sonetillo octosílabo se pueden observar acentos en las sílabas (1.ª 3.ª 7.ª) (1.ª 5.ª 7.ª) (1.ª 3.ª 5.ª 7.ª) (3.ª 7.ª) El verano es la estación perfecta para conseguir una pareja, hay buen clima, disfrutamos de más tiempo libre, podemos salir de vacaciones a muchos lugares hermosos, donde a su vez compartimos o nos conectamos, con personas conocidas o que conozcamos en ese momento, saber distribuir el tiempo, se hace vital para el crecimiento o consolidación de una relación amorosa.

En este soneto, reflejo las relaciones amorosas de mucho goce, que generalmente son poco duraderas y lo que es mejor, no hay sorpresas ni incertidumbre, ambos desde que comienzan el romance, saben que terminará, es algo corto, diferente, se disfruta al máximo y después solo quedará el recuerdo imborrable de un lugar donde hubo pasión.

BENDITAS SERPIENTES

¿Dios maldijo a la serpiente?
Maldecir es del mundano,
el inculto escribe en vano,
santa herencia de la gente.

La mujer y su simiente
con un arma y palo en mano,
afirmado por humano;
es hostil con ser viviente.

Los ofidios quiero ver
repudiando la creencia,
pues mejor es aprender.

Útil mundo de sapiencia,
en la vara está el saber
de los dioses y la ciencia.

Para este sonetillo, necesitaba un pie rítmico que me diera una armonía apacible, conseguí ese sosiego con el troqueo, principalmente en aquellos versos con sus acentos impares en las sílabas 3.ª 5.ª 7.ª y 1.ª 3.ª 7.ª (octosílabo trocaico), la rima es de esquema abba abba cdc dcd, antes de fabricar los 14 versos de arte menor, para la composición total del soneto, procedí inicialmente con la elaboración de dos redondillas, por supuesto abrazadas en su rima, donde doy comienzo al tema, queriendo averiguar si un ser superior en realidad maldijo a la serpiente; antes de continuar observé la sagrada escritura, donde se menciona la desobediencia del hombre. "Y Jehová Dios dijo a la serpiente: Por cuanto esto hiciste, maldita serás entre todas las bestias y entre todos los animales del campo; sobre tu pecho andarás, y polvo comerás todos los días de tu vida" (Génesis 3:14). Al proseguir con las estrofas del poema, doy respuesta a la incultura humana y a los errores cometidos en el antiguo testamento, luego en los tercetillos o tercerillos, me enfoco en un mundo más evolucionado, donde todavía, se hace necesario aprender sobre serpientes y así poder comprender, su gran utilidad para los seres humanos, que sería más elevada que los inconvenientes que ellas ocasionan.

Al finalizar el último tercerillo, destaco la estimación que algunas culturas le han dado a estos seres, los cuales son incomprendidos por muchas personas; en la mitología griega y romana, el Dios de la medicina Asclepio o Esculapio, llevaba a la serpiente en una vara, este bastón actualmente es el distintivo de la ciencia médica, se puede decir, que el conocimiento fue saludado por el saber. El conocimiento científico, ha permitido el descubrimiento de muchos fármacos, donde se utilizan toxinas proteicas o compuestos de la saliva de los reptiles, de manera que, con las sustancias separadas de un veneno que puede matar, se fabrican desde productos cosméticos, hasta los medicamentos que pueden salvar vidas ¡Dios! Benditas serpientes.

CORRIDAS DE TOROS

¿La fiesta brava es un arte?
También sería crueldad,
gente de poca piedad;
roja la arena de Marte.

Nunca deseo la parte,
tercio de muerte o maldad
y probará habilidad,
en donde puedan mirarte.

Suena el clarín, salió un toro,
traje que brilla y no es oro;
lleva el capote y la espada.

Con la faena el azoro,
trauma de un niño que afloro;
al ver la muerte asqueada.

Es un poema donde se expresa, reprobación hacia las corridas de toros, las cuales considero que son una tradición que le pertenecen a un pasado inculto, la tauromaquia tiende a ser rechazadas en un mundo evolucionado, de hecho en muchas ciudades y algunos países, se han elaborado leyes de prohibición para estos espectáculos, estas normas seguirán extendiéndose, solo faltaría tomar conciencia sobre los subsidios, dichas contribuciones hacen que estas costumbres se mantengan, de lo contrario veremos al toreo en una sala de exposiciones. El toro de lidia es un animal imponente, también es muy costoso su mantenimiento, siendo utilizado únicamente para las atroces corridas.

En dos ocasiones, pude asistir por motivos laborales a la lidia de toros, pude ver a personas distinguidas, que al parecer, no tomaban precaución sobre la salud mental de sus hijos, al permitirles asistir a estos eventos, seguí observando, esta vez a personas mediocres y fanáticas del sadismo, quise mirar algún tipo de arte, estudiando el buen estilo de un experimentado torero y comprendí que un artista ama la vida, entonces un tercio de muerte dañó la faena, porque mucha gente quiere ver torear y no la arena teñida de sangre, con la tortura o la muerte del animal.

Como dije anteriormente, las contribuciones mantienen vivas estas exhibiciones. Hace algún tiempo, siendo un oficial de una abnegada institución, me tocó enfrentar a un jefe, que se mostraba con mucha ignorancia o desinformado sobre este tema, para mayor decepción era el comandante, en esa oportunidad procedí con antagonismo, siempre me mantuve en contra, de realizar propaganda y venta de entradas para una corrida de toros, que supuestamente generaría algún tipo de migajas para la organización.

EL DÍA O LA NOCHE

Respuesta a chicas urgía,
una de piel morenita,
la otra sería clarita;
vacilación respondía.

Morena lista reía,
diciendo; blanca o negrita
cual considera bonita,
con tradición respondía.

Anochecido en el suelo,
estrellas cuando dormía;
claro de luna mi anhelo.

Miré arcoíris del cielo,
las nubes blancas de un día
y el pajarito en su vuelo.

Según su ritmo acentual, se pueden clasificar estos versos octosílabos o de arte menor en dactílico; pero en ninguno de los sonetillos que compuse, se podrá apreciar la distinción del octosílabo dactílico en forma plena, que sería todos los versos con acentos en las silabas 1.ª 4.ª 7.ª Por ejemplo, en este poema se pueden observar en sus 14 versos, los acentos rítmicos siguientes: (2.ª 4.ª 7.ª) (1.ª 4.ª 7.ª) (4.ª 7.ª) En la sílaba 7.ª tendría su soporte principal y con los versos dactílicos, el poema se siente con una mayor viveza. Al comenzarlo elaboré inicialmente dos redondillas, donde narraría una anécdota con dos preciosas jovencitas, una era de piel morena y la otra tenía la piel blanca, ambas se reían y la morenita que era muy astuta, quería saber quién de ellas era la más bonita, en sí ambas defendían su posición y se respondían ellas mismas; entonces se me ocurrió, contestar a sus interrogantes con algunos versos de mi inspiración.

En los tercerillos, me enfoco en lo encantadora que puede ser la noche, al contemplar su romántica luna y también sus bellas estrellas, es ideal para amar, la noche más oscura tendrá su fulgor; luego describo un hermoso día y observo un sedante cielo azul, con sus nubes blancas que hacen figuras, me enamora su arcoíris y el deseo de volar con sus aves.

GERALDINE

En sueño pude volar,
es imborrable el momento,
órbita para un fragmento;
que si podré recordar.

No dejaré de pensar
en luces para mi cuento,
así narré el nacimiento;
ella inspiró el recitar.

Hermosa y blanca mi rosa,
eres canción generosa;
una estudiosa mujer.

En una tarde lluviosa
escribo a mi hija preciosa;
que pude verla crecer.

Geraldine, es un soneto octosílabo con una distinción del tipo dactílico, principalmente por sus acentos rítmicos en las silabas 1.ª 4.ª 7.ª y 2.ª 4.ª 7.ª Donde busco un ritmo acentual que me pueda ofrecer celeridad, su acento obligatorio estaría en la sílaba 7.ª Estos versos de arte menor, tienen una rima con esquema abba abba ccd ccd; para realizar el poema, comencé inicialmente con dos redondillas, allí reflejaba en mi mente, las reminiscencias cuando nació mi hija. Pasaban las horas en una clínica, era el 12 de marzo de 1992 y me encontraba preocupado esperando; al caer la tarde le dimos la bienvenida a Geraldine Victoria.

En horas de la noche cuando me encontraba más calmado, mezclaba diferentes emociones al lado de mi familia, no podía descansar, miré el reloj y comencé a componer un acróstico con versos rimados, que años más tarde, los publiqué en el libro Sublime e Imperecedero, ahora me vuelvo a inspirar en un ser maravilloso; a Dios y a la vida le agradezco, por la responsabilidad y la dicha de ser padre y seguiré agradeciendo las caricias que brinda la existencia, donde se vencen las dificultades y podemos sonreír.

Inspirándome en los tercerillos, me concentré finalmente en una descripción con detalles y halagos, este sonetillo lo compuse en unas horas, la tarde estaba lluviosa y junto a mi esposa e hija, tomábamos una taza de chocolate caliente acompañado con galletas, el tiempo ha pasado tan ligeramente; ayer le escribí a mi adorada rosa, hoy compongo este soneto para una inteligente profesora.

MARE

Una princesa reinando
por el Pichincha y sus valles,
llevando algunos detalles
y se la pasa soñando.

El Guagua y Rucu roncando
salir sin miedo a las calles,
mi Mare, no te amuralles;
tendrás a Dios observando.

La fuerza de una mujer
que se convierte en leyenda,
la contemplé con placer.

Espero que ella me entienda,
amiga es fácil querer;
amor sujeta la rienda.

Mare, es un soneto compuesto por catorce versos de arte menor, en este caso de ocho sílabas métricas (octosílabo), conocido como sonetillo, su rima presenta esquema abba abba cdc dcd, estos versos, principalmente finalizan en palabras paroxítonas y oxítonas, el acento principal por ser octosílabo es obligatorio siempre en la sílaba 7.ª y junto a los otros acentos rítmicos complementarios, mantienen un ritmo acentual dactílico. En los versos 12° y 13° descarté los arreglos para hacer la sinafía o sinafia, antigua sinalefa, entre la vocal final de un verso que concluye en palabra llana y la primera vocal del verso adyacente; específicamente con las palabras entienda y amiga, esta última, no es corta y este recurso es desfasado, así que no sería aconsejable.

El poema está dedicado, a mi guapa amiga Marelyz Bejarano Gallegos, una mujer tenaz, que aprecia todo lo que le rodea del lugar donde nacemos, pero se presenta una situación negativa muy agobiante, las personas que sufren deciden emigrar, Mare tomó la difícil decisión, de alejarse de familiares y amistades esperando un futuro mejor; ahora siente nostalgia por recordar a las personas que ella ama, antes de dormir, son inevitables los recuerdos que a su vez la entristecen, ella tiene mucha fe y fuerza para triunfar. Mare está reinando o superándose por el centro del mundo, por la tierra del niño Guagua y el viejo Rucu, me refiero al volcán; según una de sus leyendas, es una princesa que duerme, motivo por el cual no hay temor por esas calles.

Con recreo imaginé a mi amiga, convertida en una princesa llamada Marejose, ella representa la calma, el despertar, lo bonito de la vida, pero no lo sabe y en cualquier lugar que mi apreciada Mare se encuentre, le deseo lo mejor, brindaré por su felicidad.

NATURALEZA

Definid naturaleza,
muchos seres y abundancia,
más que fértil en ganancia;
me cautiva su belleza.

Se abre paso la grandeza
sin el hombre y su constancia;
miedo tengo a la ignorancia
que destruye sutileza.

Equilibrio de la vida,
si la dañas es bravía,
indomable y muy temida.

Con materia y la energía
en la selva muy tupida;
oro del saber surgía.

Hace algunos años, disfruté de una placentera caminata por el Parque Nacional Sierra Nevada en Mérida Venezuela; al tomar un descanso contemplaba la laguna Victoria, la misma había sido un motivo de inspiración, para dar un nombre a mi hija Geraldine Victoria; en ese momento, comencé a componer versos de arte menor y logré hacer dos redondillas con su rima abrazada; con el tiempo le agregué a la estructura, dos tercerillos que van encadenados, de esta manera culminé el soneto, su rima mantiene un esquema abba abba cdc dcd. Viendo la madre naturaleza, tenía que sentir los versos, con la quietud que me obsequia el troqueo por presentar sus acentos rítmicos impares, especialmente los acentos en las sílabas 1.ª 3.ª 7.ª y 3.ª 5.ª 7.ª

En la primera y la segunda estrofa, detallo por naturaleza a un todo, con sus animales indómitos y elementos, como las majestuosas montañas y sus grandes rocas, los bosques, ríos y otras muchas cosas que me motivaron para componer, tan solo por su extraordinaria belleza, mucho más que por sus frutos o beneficios; en ella no deseo ver objetos, donde el hombre sea autor de una alteración, deseo simplemente lo natural, pero le temo a la ignorancia, que desmantela o cambia lo maravilloso y muchas veces sin control.

Al comenzar los tercerillos, dejo claro que la naturaleza poéticamente tiene su armonía, en ella hay perfección, o sea que tiene contrapeso, lo que indica, que la intromisión humana puede ocasionarle daños y con graves consecuencias para todo ser viviente; finalizo con los secretos que la naturaleza esconde y los beneficios que se descubren.

POESÍA QUE NUNCA MUERE

Ese cariño que espero,
sutil mujer de mi cuento,
tenaz o iluso me siento;
creo que soy prisionero.

Amor por quien yo me muero,
quién detendrá ese momento;
respetaré el sentimiento,
enamorado y viajero.

Esencia para la vida,
templada brisa emergida
y distanciada ilusión.

Es pocsía querida;
la narración conocida
refugiaré en mi razón.

Elaboré este sonetillo, tratando de mantener un ritmo acentual dactílico, donde su acento más distinguido por ser octosílabo, sería en la sílaba 7.ª Estos sonetos son mis preferidos al salir de viaje, componiéndolos disfruto de los momentos que me puede brindar la soledad; cuando tengo la oportunidad de visitar las montañas, me gusta observar la niebla, que se pasea por el paisaje de gran inmensidad y profundidad, esto me produce una sensación de sosiego; muchas veces pienso en el famoso pintor del romanticismo alemán Caspar David Friedrich, entonces invaden mi mente, algunas de sus majestuosas obras, como *El caminante sobre el mar de nubes* y *Acantilados blancos en Rügen,* en ellas el pintor se siente seducido por la naturaleza y en su arte revela sus ideas; la poesía también sería una manifestación, donde podemos encontrar mucha belleza e ir más allá de ella.

En cada estrofa de un poema, podría estar reflejado un sentimiento; el poeta descubre huellas que dejan sus personajes por los caminos de la vida, con versos se busca libertad, porque sabemos que los seres humanos, nos encontramos condicionados a las reglas de la sociedad, por ejemplo y según las normas, tenemos la necesidad de vestirnos, entonces ninguna persona con uso normal de su razón, será completamente libre; de niño me gustaba columpiarme, recuerdo de muy joven, le dije a la autoridad de un parque, para que le permitieran a mis padres mecerse, obteniendo una respuesta negativa de su parte; luego le propuse que hubieran mecedores para adultos, ya que cuando creciera, me gustaría volver a intentar mis diversiones; anteriormente en otros trabajos, expresé que la libertad es un misterio difícil de alcanzar, solo en versos se procura lograr. En los poemas siento una curiosidad por lo oculto, por el amor descontrolado y por lo que es sublime.

SONETILLOS